دبستان - ysgol 2
رێوێتی - teithio 5
گوهازتن - cludiant 8
باژار - dinas 10
تەبیەت - tirwedd 14
خوارنگەه - bwyty 17
بازار - archfarchnad 20
ڤەخوارنان - diodydd 22
خوارن - bwyd 23
جۆتگەه - fferm 27
خانی - tŷ 31
ئۆدا روونشتنێ - lolfa 33
مەتبەخ - cegin 35
هەمام - ystafell ymolchi 38
ئۆدەیا زارۆک - ystafell plentyn 42
کنج - dillad 44
ئۆفیس - swyddfa 49
ئابۆری - economi 51
پرۆفەسیۆن - swyddi 53
ئامووران - offer 56
ئامووریێن موزیکێ - offerynnau cerdd 57
باخچا هەیوانان - sŵ 59
وەرزش - chwaraeon 62
چالاکیان - gweithgareddau 63
مالبات - teulu 67
بەدەن - corff 68
نەخوەشخانە - ysbyty 72
ئاجیلییەت - argyfwng 76
ئەرد - y Ddaear 77
ساەت - cloc 79
هەفتە - wythnos 80
سال - blwyddyn 81
شێوە - siapiau 83
رەنگان - lliwiau 84
بەرامبەران - cyferbyniadau 85
هەژماران - rhifau 88
زمانان - ieithoedd 90
کی /چ / چاوا - pwy / beth / sut 91
کوو - ble 92

Impressum
Verlag: BABADADA GmbH, Nedderfeld 112 , 22529 Hamburg
Geschäftsführer / Verlagsleitung: Harald Hof
Druck: Books on Demand GmbH, In de Tarpen 42, 22848 Norderstedt

Imprint
Publisher: BABADADA GmbH, Nedderfeld 112 , 22529 Hamburg, Germany
Managing Director / Publishing direction: Harald Hof
Print: Books on Demand GmbH, In de Tarpen 42, 22848 Norderstedt

1

دبستان

ysgol

ystafell ddosbarth
پارکرن
rhannu
186/2
bwrdd
حەوشا دبستانێ
مامۆستە
athro
papur
نڤیساندن
ysgrifennu
پێنڤیسک
pen
ماسە
desg
راستەک
pren mesur
پرتووک
llyfr
خوەندەکار
disgybl

چەوال
....
bag ysgol

قووتی نڤیستۆک
....
blwch penselau

قەلەمرساس
....
pensil

نڤیستۆک تووژکر
....
miniwr

ژێبر
....
rwber

نڤیسکا نیگارێ
....
pad arlunio

2 دبستان - ysgol

نیگار

draw

فرچەیا رەنگێ

brws paent

قووتی رەنگ

blwch paent

مەقەس

siswrn

لەزاق

glud

پرتووکا فێربوون

llyfr ysgrifennu

وەزیفا مالێ

gwaith cartref

هەژمار

rhif

زێدەکرن

ychwanegu

دەرخستن

tynnu

زێدەکرن

lluosi

هەسباندن

cyfrifo

A

تیپ

llythyren

ABCDEFG
HIJKLMN
OPQRSTU
VWXYZ

ئالفابە

gwyddor

پەیڤ

gair

نڤیسێ

testun

خواندن

darllen

گمچ

sialc

دەرس

gwers

قەیدکرن

cofrestr

ئیمتیهان

arholiad

شەهادە

tystysgrif

کنجا دبستانێ

gwisg ysgol

پەروەردەهی

addysg

زانستنامە

gwyddoniadur

زانینگە

prifysgol

میکرۆسکووپ

microsgop

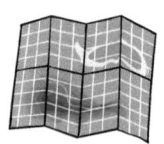

خەریتە

map

سەپەتا کاخەزێ

basged papur gwastraff

مێڤانخانە
gwesty
مێڤانخانە
hostel
ئۆفیسا پەرە ڤەگوهارتنێ
swyddfa gyfnewid
cês dillad
ماشین
car

زمان

iaith

بەلێ / نا

ie / na

باش

iawn

سلاڤ

helo

وەرگێڕا نڤیسکی

cyfieithydd

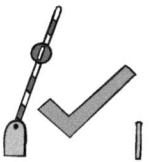

سپاس

Diolch yn fawr

بهایێ ... چ قاسە؟

faint yw ...?

ئەز فام ناکم

Dw i ddim yn deall

ئارێشە

problem

ئێڤارباش!

Noswaith dda!

سپێدی باش!

Bore da!

شەڤ باش!

Nos da!

خاترێ تە

hwyl

ئالی

cyfarwyddyd

هوورموور

bagiau

چەنتە

bag

چەنتە پشت

gwarbac

مێڤان

gwestai

ئۆدە

ystafell

جامە خەو

sach gysgu

چادر

pabell

ئاگاگیوێن گەرۆکان

....

gwybodaeth i ymwelwyr

رەخێ ئاڤێ

....

traeth

کارتێ قەرزێ

....

cerdyn credyd

تاشتێ

....

brecwast

فراڤین

....

cinio

شیڤ

....

swper

کارت

....

tocyn

ئاسانسۆر

....

lifft

پوول

....

stamp

تخووب

....

ffin

گومرک

....

tollau

بالیۆزخانە

....

llysgenhadaeth

ڤیزا

....

fisa

پاساپۆرت

....

pasbort

گوهازتن

cludiant

awyren
گەمی
llong
ئەرەبە ئاگرکووژ
injan dân
bws
کامیۆن
lori
پاپۆڕا ماتۆری

پاپۆڕ

fferi

پاپۆڕ

cwch

مۆتۆرسیکلێت

beic modur

ترمبێلا پۆلیسێ

car yr heddlu

ترمبێلا پێشبازیێ

car rasio

ئەرەبە کرێگرتن

car wedi'i rentu

ماشین پەرڤەکرن

....

rhannu car

کامیۆنا کشاندنێ

....

lori tynnu

کامیۆنا خوەلی

....

lori ysbwriel

مۆتۆرسیکلێت

....

modur

مازۆت

....

tanwydd

ئیستەگەها بەنزینێ

....

gorsaf betrol

تابلۆیا ترافیکێ

....

arwydd traffig

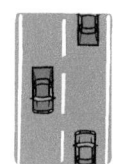

هاتنووچوون

....

traffig

ترافیک

....

tagfa draffig

جهێ پارکێ

....

maes parcio

راوەستەکا ترێنێ

....

gorsaf drennau

رێچ

....

traciau

ترێن

....

trên

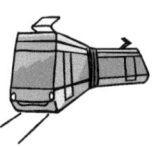

ترێنێ کۆلانێ

....

tram

ئەرەبە

....

wagen

بابرۆک

hofrennydd

بالافرگەه

maes awyr

برج

twr̂

مسافر

teithiwr

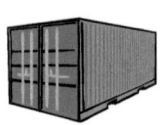

قووتی

cynhwysydd

قووتی

paced

گرگرۆک

cert

سەلک

basged

رابوون / نیشتن

esgyn / glanio

باژار

dinas

گوند

pentref

ناڤەندا باژاری

canol y ddinas

خانی

tŷ

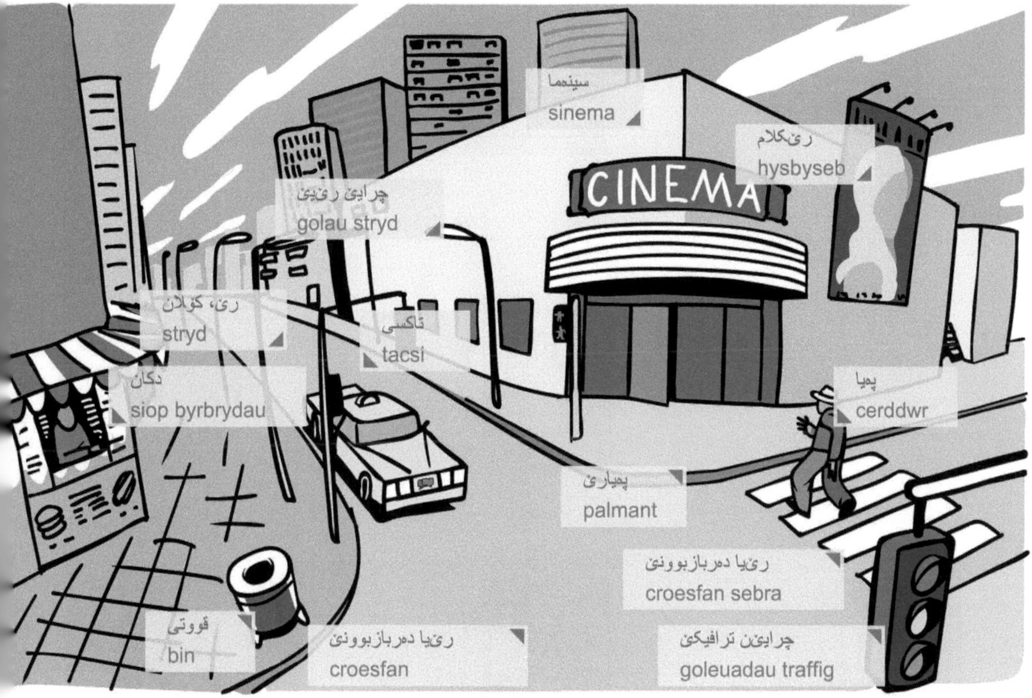

سینەما
sinema
ڕێکلام
hysbyseb
golau stryd
ڕێ، کۆلان
stryd
تاکسی
tacsi
دکان
siop byrbrydau
cerddwr
palmant
ڕێیا دەربازبوونێ
croesfan sebra
bin
ڕێیا دەربازبوونێ
croesfan
چرایێن ترافیکێ
goleuadau traffig

کۆخ
cwt

خانی
fflat

راوەستەکا ترێنێ
gorsaf drennau

تملارا شارەڤانی
neuadd y dref

مووزەخانە
amgueddfa

دبستان
ysgol

زانینگه
....
prifysgol

بانک
....
banc

نەخوشخانه
....
ysbyty

مێڤانخانه
....
gwesty

دەرمانخانه
....
fferyllfa

ئۆفیس
....
swyddfa

کتێبفرۆشی
....
siop lyfrau

دکان
....
siop

گولفرۆش
....
siop flodau

بازار
....
archfarchnad

بازار
....
farchnad

سوپەرمارکەت
....
siop adrannol

ماسیفرۆش
....
siop bysgod

ناڤەندا کڕین
....
canolfan siopa

بەندەر
....
harbwr

پارک
....
parc

سەکوو
....
banc

پر
....
pont

دەرنجە
....
grisiau

ژێر ئەردی
....
rheilffordd danddaearol

توونەل
....
twnnel

ئیستگەها ئۆتۆبووس
....
safle bws

بار
....
bar

خوارنگەه
....
bwyty

سندووقا پۆستێ
....
blwch post

نیشاندەرکا رێیێ
....
arwydd stryd

مەترا پارکینگێ
....
mesurydd parcio

باخچا هەیوانان
....
sŵ

هەوزا مەلەڤانی
....
pwll nofio

مزگەفت
....
mosg

جۆتگەه

fferm

لەوتاندنا دەردۆر

llygredd

گۆرستان

mynwent

کەنیسە

eglwys

ئەردێ لەیستنێ

maes chwarae

پەرستگەه

teml

تەبیەت

tirwedd

deilen
نیشاندەرکا رێ
arwydd cyfeirio
ffordd
dôl
کەڤر
carreg
دار
coeden
heiciwr
چەم
afon
گیا
glaswellt
کولیلک
blodyn

دۆڵ

cwm

گر

bryn

گۆل

llyn

دارستان

coedwig

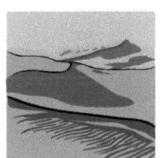

بەیابان

anialwch

ڤۆلکان

llosgfynydd

کەلەە

castell

کەسکەسۆر

enfys

کڤارک

madarchen

دارقەسپ

palmwydden

مخمخک

mosgito

مێش

pryf

مێرى

morgrugyn

هنگ

gwenyn

پیرێ

pryf copyn

کێزک

....

chwilen

بەق

....

llyffant

سهۆر

....

gwiwer

ژیژۆک

....

draenog

کەرگوه

....

ysgyfarnog

پەپووک

....

tylluan

چڤیک

....

aderyn

قوو

....

alarch

بەرازێ کۆڤی

....

baedd

پەزکۆڤی

....

carw

پەزکۆڤی

....

elc

بەنداڤ

....

argae

تووربینا با

....

tyrbin gwynt

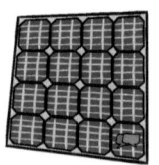

پانەلا خۆرێ

....

panel haul

ئاڤ و هەوا

....

hinsawdd

خوارنگەه

bwyty

بەرکار
gweinydd
bwydlen
کورسی
cadair
شۆربە
cawl
پیزا
pitsa
چەتاڵ و چەمچک
cyllyll a ffyrc
سفرە
lliain bwrdd

خوارنا دەستپێک

cwrs cyntaf

خوارنا سەرەکی

prif gwrs

شێرانی

pwdin

ڤەخوارنان

diodydd

خوارن

bwyd

جام

potel

خوارنا لەز

bwyd cyflym

خوارنا رێیێ

bwyd y stryd

چایدانک

tebot

قووتی شەکرێ

powlen siwgr

بەش

dogn

مەکینا چێکرنێ ئەسپرەسسۆ

peiriant espresso

کورسیا بلیند

cadair plentyn

هەساب

bil

سێنی

hambwrdd

کێر

cyllell

چەتەل

fforc

کەڤچی

llwy

کەڤچیا چای

llwy de

پێشگر

napcyn

قەدەح

gwydr

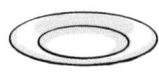

تەیفک

plât

تەیفکا شۆربە

plât cawl

پیالە

soser

چێنج

saws

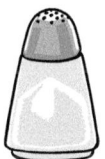

خوێدانک

pot halen

قووتی بیبار

melin bupur

سێک

finegr

روون

olew

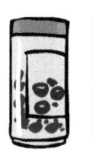

بهارات

sbeisys

کەتچاپ

saws coch

موستارد

mwstard

مایۆنێز

mayonnaise

بازار

archfarchnad

پێشکێشێن تایبەت
cynnig arbennig
FOR
مشتەری
cwsmer
شیرەمەنی
cynnyrch llaeth
ffrwythau
troli

قەسابی

siop gig

دکانا نانپێژ

siop fara

وەزن کرن

pwyso

سەبزە

llysiau

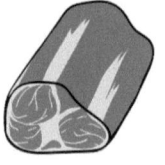

گۆشت

cig

خوارنێ جەمەدی

Bwyd wedi'i rewi

گۆشتێ سار

....

cig oer

خوارنا پیلێ

....

bwyd tun

خوبارێ پاقژکرنێ

....

powdr golchi

شرینی

....

da-da

بەرهەمێن ناڤخوەیی

....

cynnyrch cartref

بەرهەمێن پاقژکرنێ

....

cynhyrchion glanhau

فرۆشیار

....

gwerthwraig

خەزنۆک

....

til

دراڤگر

....

ariannwr

لیستا کڕینێ

....

rhestr siopa

دەمێن ڤەکری

....

oriau agor

جزدان

....

waled

کارتێ قەرزی

....

cerdyn credyd

چەوال

....

bag

چەنتە

....

bag plastig

ڤەخوارنان

diodydd

ئاڤ

dŵr

شەربەت

sudd

شیر

llefrith

کۆمر

côc

شەراب

gwin

بیرا

cwrw

ئالکۆل

alcohol

کاکۆو

coco

چای

te

قەهوە

coffi

ئەسپرەسسۆ

espresso

کاپۆچینۆ

cappuccino

خواردن

bwyd

مۆز

banana

سێف

afal

پرتەقالی

oren

گوندۆر

melon

لیمۆن

lemwn

گێزەر

moronen

سیر

garlleg

قامر

bambŵ

پیڤاز

nionyn

قارچک

madarchen

گەویز

cnau

شهیره

nwdls

سپاگێتتی
....
sbageti

برنج
....
reis

سەڵەتە
....
salad

چیپس
....
sglodion

پەتەتەیا براشتی
....
tatws wedi'u ffrïo

پیزا
....
pitsa

هامبورگەر
....
hambyrger

نانۆک
....
brechdan

گۆشتێ ستوویێ بەرخی
....
cytled

گۆشتێ هشککری
....
ham

سالامێ
....
salami

سۆسیس
....
selsig

مریشک
....
cyw iâr

بژارتن
....
rhost

ماسی
....
pysgodyn

شۆربە بلوول

ceirch uwd

مووسلی

miwsli

کەرتێن گلگلان

creision ŷd

ئارد

blawd

جرۆسسانت

croissant

سەموون

bynsen

نان

bara

تۆست

tost

نانک

bisgedi

نڤیشک

menyn

ماست

ceuled

کولیچە

teisen

هێک

wy

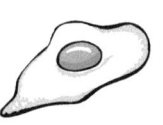

هێکا قەلاندی

wy wedi'i ffrïo

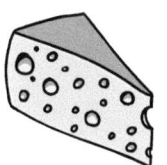

پەنیر

caws

دۆندرمە

hufen iâ

شەکر

siwgr

هنگڤ

mêl

مرەبا

jam

خامەیا نۆوگات

siocled taenu

کوڕی

cyri

جۆتگەه

fferm

خانیا چەولگا
ffermdy
کادین
ysgubor
تەپکا پووشێ
bwrn gwellt
maes
ceffyl
کاروان
ôl-gerbyd
جانی
ebol
تراکتۆر
tractor
کەر
asyn
بەران
dafad
بەرخ
oen

بزن
gafr

چێلەک
buwch

گۆلک
llo

بەراز
mochyn

خنزیرک
porchell

بۆخە
tarw

قاز

gwydd

مراڤی

hwyaden

جووچک

cyw

مریشک

iâr

کەلەشێر

ceiliog

جرج

llygoden fawr

کتک

cath

مشک

llygoden

گا

ych

کووچک

ci

خانیا کووچکێ

cwt ci

خانی باخێ

pibell ddŵr

قووتیکا ئاڤدانێ

can dŵr

شالووک

pladur

گاسن

aradr

داس

cryman

مەربێر

fforch chwynu

دارساپک

picwarch

بڤر

bwyell

دەستگەرە

berfa

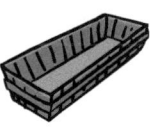

قووتی خوارنا جانداران

cafn

قووتی شیر

tun llefrith

توور

sach

چەپەر

ffens

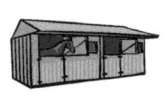

ئاخور

stabl

خانا کولیلکان

tŷ gwydr

ئاخ

pridd

دەندک

hedyn

پەین

gwrtaith

کۆمباین

dyrnwr medi

زاد

cynaeafu

زاد

cynhaeaf

پەتەتە

iamau

گەنم

gwenith

فاسۆلی

soi

پەتەتە

tysen

دەخل

grawn

دندک

had rêp

داری فێکی

coeden ffrwythau

سێڤێ بن ئەردی

manioc

زاد

grawnfwydydd

خانی
tŷ

simnai
بانی
to
بۆریا ناڤێ
peipen law
ffenestr
گاراژ
garej
زەنگلێ دەری
cloch y drws
دەری
drws
bin sbwriel
قوتیا پۆستێ
blwch post
باخچە
gardd

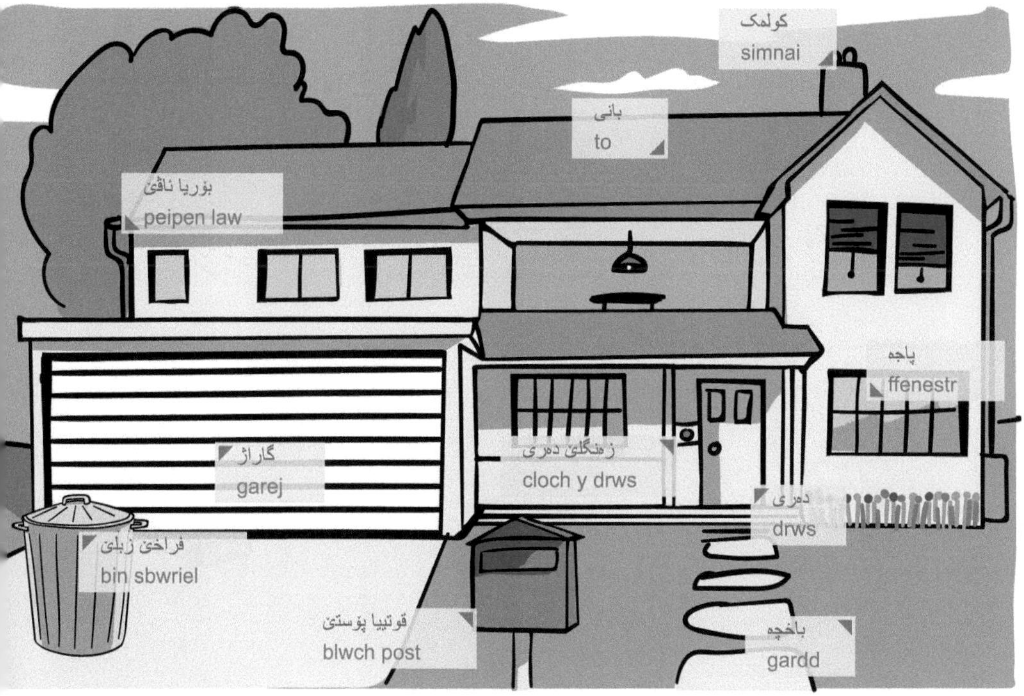

ئۆدا روونشتنێ

lolfa

هەمام

ystafell ymolchi

مەتبخ

cegin

ئۆدا خەوێ

ystafell wely

ئۆدەیا زارۆک

ystafell plentyn

ئۆدا شیڤێ

ystafell fwyta

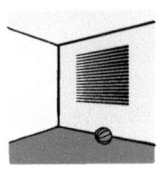

بنی

llawr

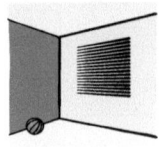

دیوار

wal

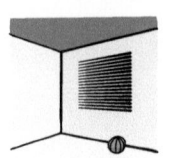

بەربان

nenfwd

خەنزک

seler

ساونا

sawna

بالکۆن

balconi

بەردانک

teras

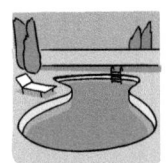

هەوزا مەلەڤانی

pwll

چیمەن بڕ

peiriant torri gwair

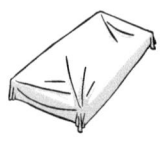

مەلهەفە

taflen

بەتانی

gorchudd gwely

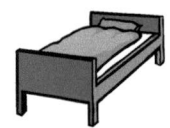

نڤین

gwely

گەزک

ysgub

ساتل

bwced

کلیل

swits

ئۆدا روونشتنێ

lolfa

کاخەزێ دیوار
papur wal
وێنە
llun
لامپا
lamp
رەف
silff
دۆلاب
تەلەفیسیۆن
teledu
ناگردان
lle tân
کولیلک
blodyn
سەرین
clustog
قەنەپە
soffa
گولدانک
fâs
کۆنترۆلا دوور
rheolydd o bell

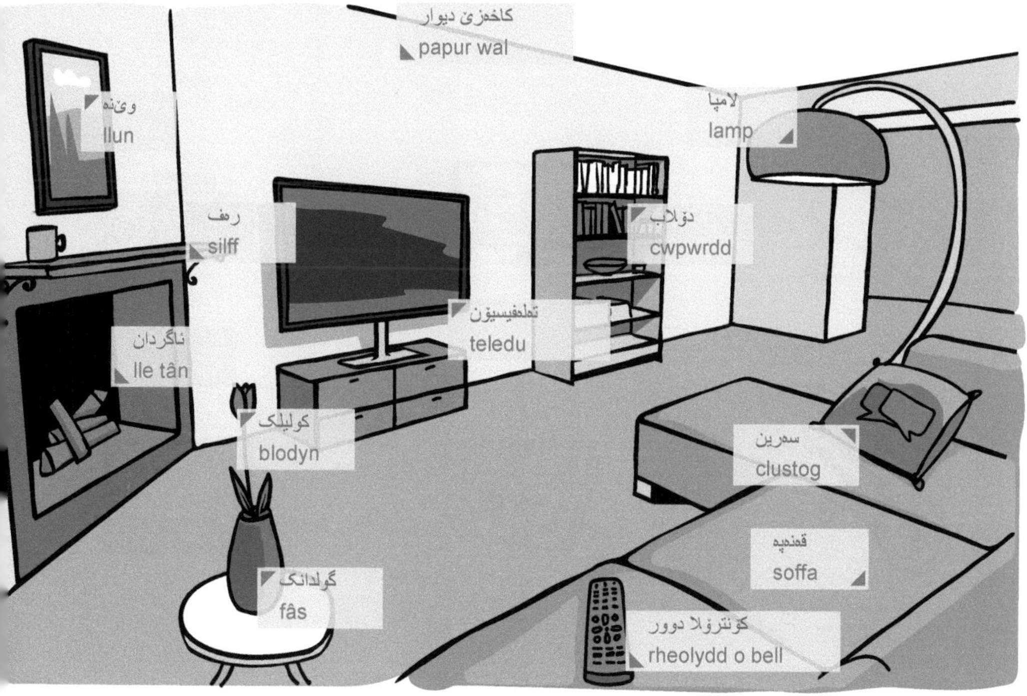

خالیچە

carped

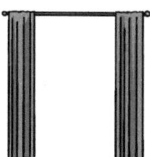

پەردە

llen

مێز

bwrdd

کورسی

cadair

کورسیا هەژانۆک

cadair siglo

کورسی

cadair freichiau

پرتووک

llyfr

بەتانی

blanced

خەملاندن

addurn

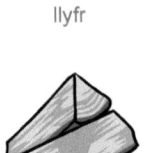

ئێزنگ

coed tân

فیلم

ffilm

هـ-ف

hi-fi

کلیل

agoriad

رۆژنامە

papur newydd

نیگار

darlun

پۆستەر

poster

رادیۆ

radio

دەفتەر

llyfr nodiadau

سڤنکا ئەلەکتریکی

hwfer

کاکتووس

cactws

مۆم

cannwyll

مەتبەخ

cegin

سارنج
oergell
مایکرۆڤەیڤ
popty micro-don
تەرازیا مەتبەخێ
clorian gegin
ناموورا نان گەرمکرنێ
tostiwr
پاگژکەر
gwlybwr
سۆبە
popty
سارکەر
rhewgist
bin sbwriel
فراقشۆک
peiriant golchi llestri

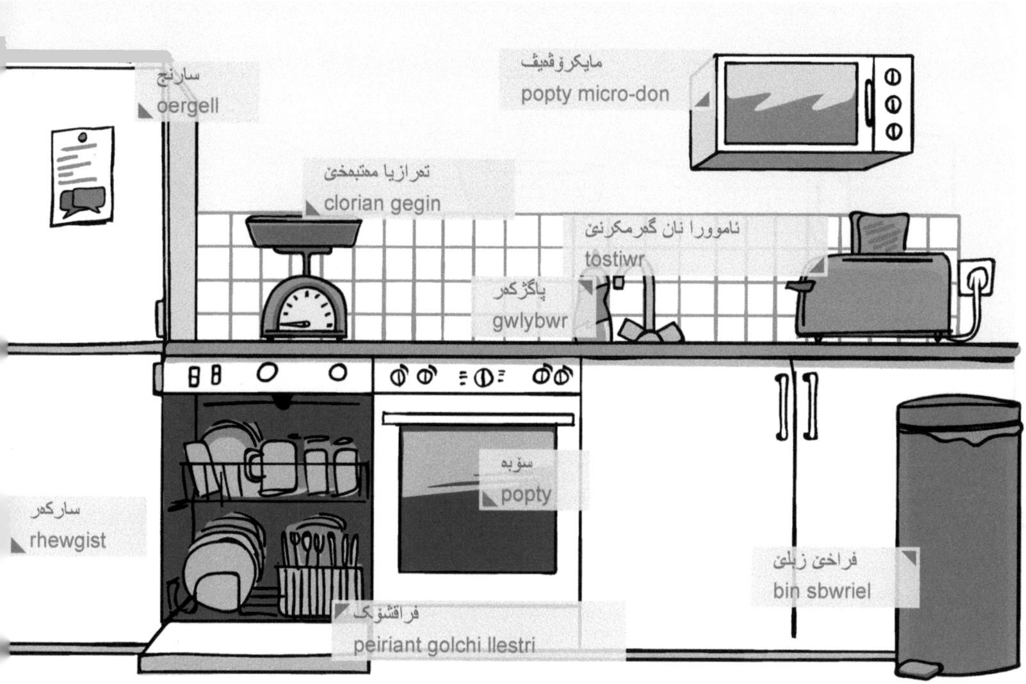

سۆبە

popty

نامان

pot

ناماێ ئووتوو

pot haearn bwrw

فراقێ مەزن

wok / kadai

دیزک

padell

کەلینک

tegell

مەتبەخ - cegin

فراقێ هلمێ

sosban stemio

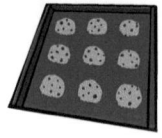

سێنی نانێ

hambwrdd pobi

فراق

llestri

پیاله

mwg

کاسک

powlen

دارێ نانخوارن

gweill bwyta

هەسک

lletwad

کەڤچیا مەزن

ysbodol

رینەک

chwisg

کەفگیر

hidlydd

بێژنگ

gogr

رێشکەر

gratiwr

دەستار

morter

براشتن

barbeciw

ئاگرێ ڤالا

tân agored

تەختەیا برینێ

....

bwrdd torri cig

دارکێ تیرێ

....

rholbren

دەڤک بادەک

....

tynnwr corcyn

قووتی

....

tun

قووتیڤەکر

....

peth agor tuniau

جاوێ ئامانان

....

clwt pot

دەستشۆ

....

sinc

فرچە

....

brws

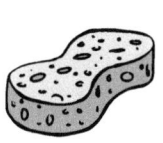

پارازۆا

....

sbwng

تەڤدێر

....

peiriant cymysgu

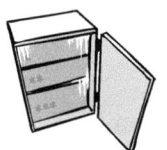

سارکەرێ جەمەدی

....

rhewgell

شووشە بەبکان

....

potel babi

هەنەفی

....

tap

هەمام

ystafell ymolchi

گەرمژانک
gwres
دووش
cawod
خاولی
tywel
پەردەیا هەمامێ
llen gawod
کەفێ هەمام
baddon ewyn
هەوزا هەمام
baddon
قەدەه
gwydr
peiriant golchi
هەنەفی
tap
ئاجوور
teils
توالەتا زارۆکان
potyn
دەستشۆ
sinc

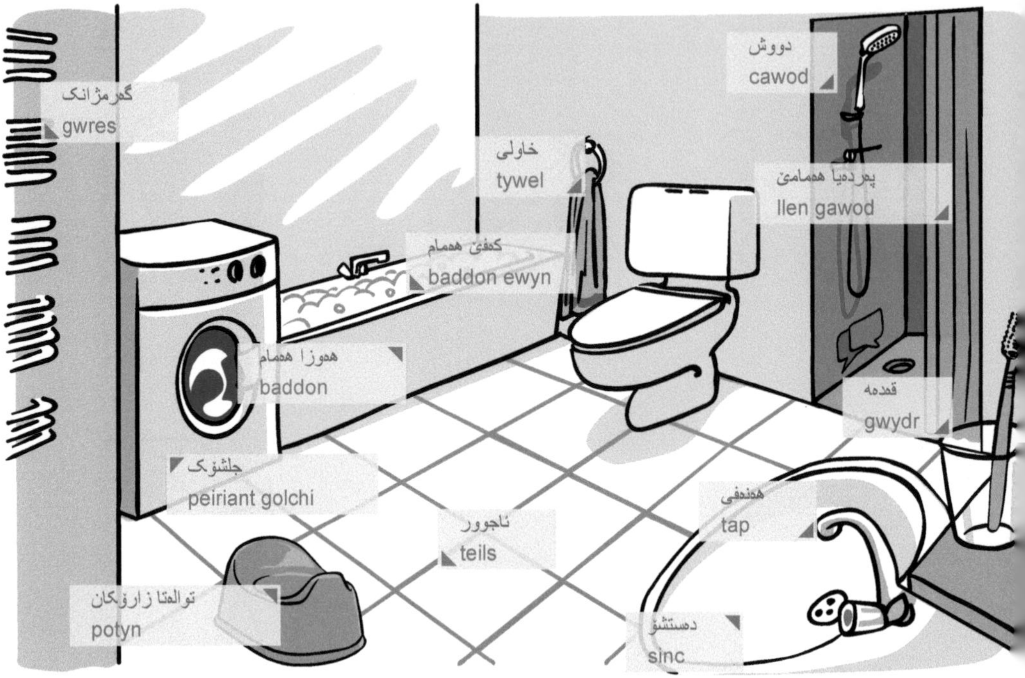

توالەت

tŷ bach

توالەتا ئەردێ

toiled cyrcydu

توالەت

bidet

ئاڤدەستخانا مێران

troethfa

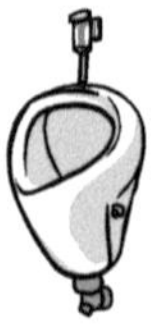

کاخەزا توالەت

papur tŷ bach

فرشەیا توالەت

brws tŷ bach

فرچەیا دران

brws dannedd

مەجوونا دران

past dannedd

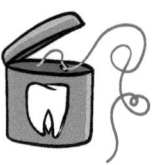

نەخا ددان

edau ddannedd

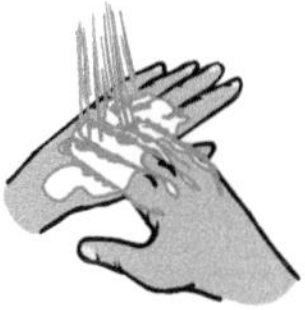

شووشتن

golchi

دووشێ دەستێ

cawod llaw

دووش

golchfa

دەستشۆ

basn

فرچا پشت

brws-ôl

سابوون

sebon

جێلێ هەمام

gel cawod

شامپۆ

siampŵ

فانیلە

gwlanen

زێراب

ffos

کرێم

hufen

بێهن خوشکر

diaroglydd

مرێک

drych

مرێکا دەستێ

drych llaw

گووزان

rasel

کەفێ تەراشینێ

ewyn eillio

مەجوونا پشتی تەراشینێ

sent eillio

شەه

crib

فرچە

brws

پۆر هیشککر

sychwr gwallt

سپرایا پۆرێ

chwistrell gwallt

کۆزمەتیک

colur

سۆراڤک

minlliw

رەنگێ نینۆک

farnais ewinedd

پەمبوو

gwlân cotwm

مەقەستا نینۆک

siswrn ewinedd

پارفووم

persawr

چەوالێ هەمامێ

....

bag ymolchi

کورسیا بێپشت

....

stôl

تەرازی

....

clorian

کنجا هەمامێ

....

gŵn baddon

لەپکا لاستیکێ

....

menig rwber

تامپۆن

....

tampon

خاولیا پاقژکرنێ

....

tywel misglwyf

توالەتا کیمییەوی

....

toiled cemegol

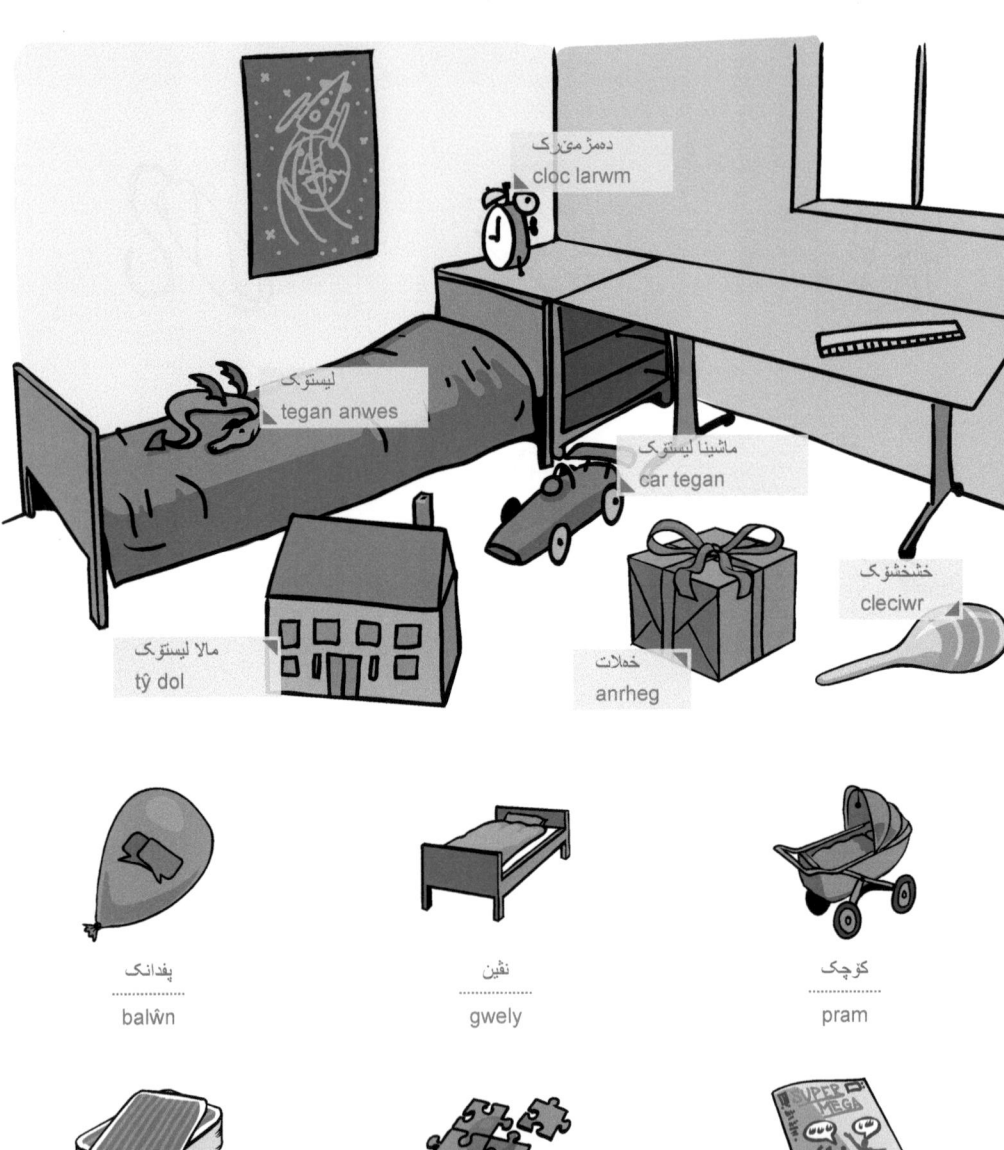

ئۆدەیا زارۆک

ystafell plentyn

دەمژمێرک
cloc larwm
لیستۆک
tegan anwes
ماشینا لیستۆک
car tegan
خشخشۆک
cleciwr
مالا لیستۆک
tŷ dol
خەلات
anrheg

پفدانک

balŵn

نڤین

gwely

کۆچک

pram

لیستکا کارتێ

pecyn o gardiau

فریزبی

jig-so

کۆمیک

comic

ئاجوورا لێگۆ
....
brics Lego

ئاجوورا لیستۆک
....
blociau adeiladu

بووکە شووشە
....
ffigur gweithredu

کنجا بەبکان
....
babygro

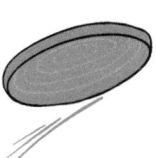

فرزبێ
....
ffrisbi

ڤەگو هەستن
....
symudyn

لیستکێن تمختە
....
gêm fwrdd

مۆر
....
deis

مۆدێلا ترێنێ
....
set model trên

مەمک
....
teth lwgu

جەژن
....
parti

کتێبا وێنە
....
llyfr lluniau

تۆپ
....
pêl

بووکە شووشە
....
dol

لەییستن
....
chwarae

کونا خیزێ

pwll tywod

جۆلانە

swing

لیستۆکان

teganau

لیستکا ڤیدەۆیی

consol gemau fideo

سێچەرخە

beic tair olwyn

هرچا لیستۆک

tedi

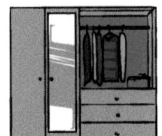

جلدانک

cwpwrdd dillad

کنج

dillad

گۆرە

hosanau

گۆرە

hosanau

دەرپێ‌گۆرێ

teits

شاڵ
sgarff

قایش
gwregys

چەتر
ymbarél

کراس
crys-t

شمەکاڵ
esgidiau

سۆلکی ناف ماڵئ
sliperi

سۆلک
esidiau ymarfer

سۆلک
sandalau

سۆل
esgidiau

پۆتینا چەرمئ
esgidiau rwber

پانتۆلئ ژێر
trôns

پئ سیربەند
bra

چمکبەند
fest

جەندەک

corff

پانتۆل

trowsus

ژەانس

jîns

دامان

sgert

کراس

blows

کراس

crys

فانێلە

pwlofer

فانێلە

hwdi

جاکێت

blaser

ساکۆ

siaced

چاکەت

côt

بارانی

côt law

لەباس

gwisg

فیستان

gŵn

جلێ داوەتێ

gwisg briodas

چاکێت

siwt

پێجامە

gŵn nos

پێجامە

pyjamas

ساری

sari

لەچک

sgarff pen

مێزەر

tyrban

هێرام

bwrca

کافتان

cafftan

ئەبا

abaya

کنجا ئاژنێکرن

gwisg nofio

جلکا مەلەڤانی

trowsus nofio

شۆرت

siorts

جلا هێڤۆژکاری

tracwisg

پێشمال

ffedog

لەپک

menig

دووگمە

botwm

بەرچاڤک

sbectol

بازن

breichled

گەردەنی

cadwyn

گوستیل

modrwy

گوهارک

clustdlws

دەڤک

cap

هلاڤستەک

cambren

کووم

het

کراوات

tei

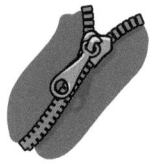

زیپ

sip

سەرپارێز

helmed

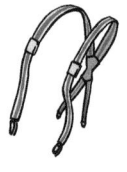

دەرزی

fframiau danedd

کنجا دبستانێ

gwisg ysgol

یوونیفۆرم

gwisg

بەردلک

bib

مەمک

teth lwgu

پونداخ

cewyn

ئۆفیس

swyddfa

پێشکەشکەر
gweinydd
cwrpwrdd ffeilio
چاپەر
argraffydd
papur
نیشاندەر
monitor
ماسە
desg
مشک
llygoden
دەفتەر
ffolder
کلاڤیە
bysellfwrdd
سەپەتا کاغەزێ
basged papur gwastraff
کۆمپیوتەر
cyfrifiadur
کورسی
cadair

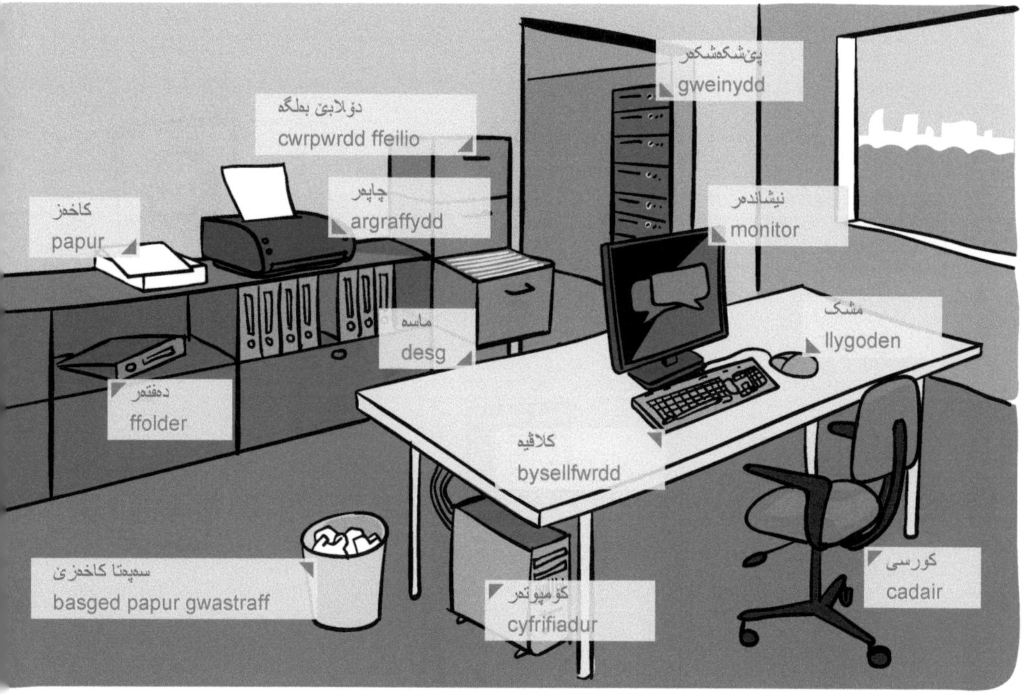

کاسکا قەهوە

mwg coffi

هەسابکەر

cyfrifiannell

ئینتەرنەت

rhyngrwyd

کۆمپوتەرا لاپتۆپ

....

gliniadur

نامە

....

llythyr

پەیام

....

neges

تەلەفۆنا مۆبیل

....

ffôn symudol

تۆر

....

rhwydwaith

مەکینا فۆتۆکۆپی

....

llungopïwr

سۆفتوارە

....

meddalwedd

تەلەفۆن

....

teleffon

سۆجکەتا فیشەک

....

soced plwg

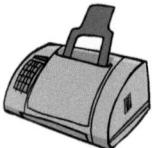

مەکینا فاخێ

....

peiriant ffacs

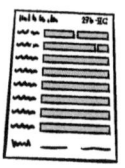

فۆرم

....

ffurflen

بەلگە

....

dogfen

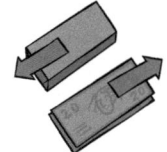

کرین

prynu

پەرە دان

talu

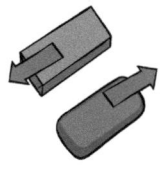

بازرگانی

masnachu

پەرە

arian

دۆلار

doler

یۆرۆ

ewro

یەنی ژاپۆنی

yen

رۆبلی رووسی

rwbl

فرانکی سویسی

ffranc y Swistir

یوانی چینی

yuan renminbi

رووپی هندی

rwpi

مەکینا ژخوەبەرا دراڤ

peiriant arian

ئۆفیسا پەرە ڤەگوهارتنێ

swyddfa gyfnewid

زێڕ

aur

زیڤ

arian

نەفت

olew

وزە

ynni

بها

pris

پەیمان

contract

تاخ

treth

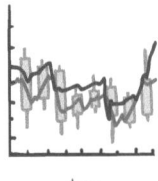

سەهام

stoc

کارکرن

gweithio

کارکەر

cyflogai

کاردا

cyflogwr

فابریکا

ffatri

دکان

siop

پرۆفەسیۆن

swyddi

پۆلیس
swyddog heddlu
ئاگرکوژ
diffoddwr tân
cogydd
بژیشک
meddyg
فرۆکەڤان
peilot

باخچەڤان

garddwr

نەجار

saer

دروونڤان

gwniadwraig

هاکم

barnwr

شیمیازان

fferyllydd

شانۆگەر

actor

شوفێری باسێ

gyrrwr bws

شوفێرەکی تاکسیێ

gyrrwr tacsi

ماسیڤان

pysgotwr

پاگژکەر

glanhawraig

چێکری بانی

töwr

بەرکار

gweinydd

نێچرڤان

heliwr

رەنگرێس

paentiwr

نانپێژ

pobydd

کارەباڤان

trydanwr

ئاڤاکەر

adeiladwr

ئەندەزیار

peiriannydd

قەساب

cigydd

لوولەکار

plymiwr

پۆستەڤان

dyn y post

ئەسکەر

milwr

میمار

pensaer

دراڤگر

ariannwr

فرۆتکارا چیچەکان

gwerthwr blodau

پۆرچێکەر

triniwr gwallt

ئاژۆڤان

archwiliwr tocynnau rheilffordd

مەکانیک

mecanydd

کەشتیڤان

capten

پزیشکا ددانان

deintydd

زانستیار

gwyddonydd

رووهان

rabi

ئیمام

imam

کەشە

mynach

کەشیش

clerigwr

ئامووران

offer

چەکووچ
morthwyl
مووچینگ
gefail
جەربادەر
tyrnsgriw
sbaner
دارا چرا
fflashlamp

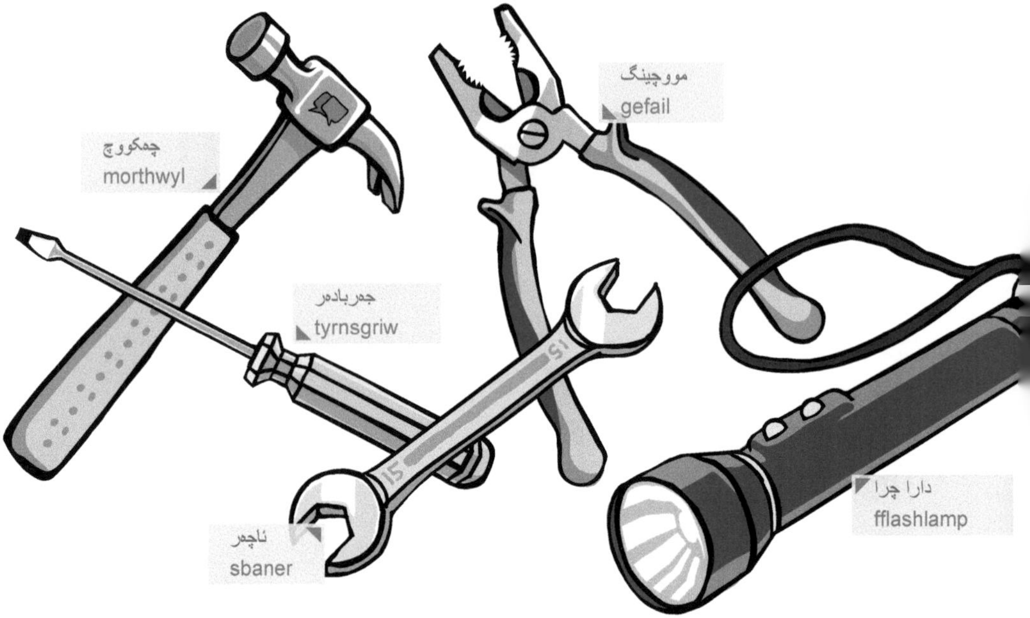

شۆفەل
....
turiwr

قووتیا ئامووران
....
blwch offer

پەیژە
....
ysgol

مشار
....
llif

میخ
....
hoelion

قولکرن
....
dril

چێکرن

trwsio

مەربێڕ

rhaw

نالەت!

Daria!

بێل

rhaw lwch

قووتیا رەنگێ

pot paent

جەڕ

sgriwiau

ئامووریێن مووزیکێ

offerynnau cerdd

بلیندگو
uchelseinydd
کۆمێ دەهۆل
set drymiau
گیتار
gitâr
جۆرەیا گیتار
bas dwbl
trwmped

پیانۆ

piano

ڤیۆلین

ffidil

باس

bas

دەهۆل

timpani

داهۆل

drymiau

کەیبۆارد

cyweirfwrdd

ساکسۆفۆن

sacsoffon

بلوور

ffliwt

میکرۆفۆن

meicroffon

باخچا هەیوانان

sŵ

پلنگ
teigr
mynediad
قەفەس
cawell
کەرێ چیا
sebra
خوارنا هەیوان
bwyd anifeiliaid
پاندا
panda

هەیوان

anifeiliaid

فیل

eliffant

کانگاروو

cangarŵ

کەرکەدەن

rhinoseros

گۆریل

gorila

هرچ

arth

هێشتر

camel

هێشتر مە

estrys

شێر

llew

مەیموون

mwnci

فلامینگۆ

fflamingo

پاپاخان

parot

هرچا جەمسەری

arth wen

پەنگوین

pengwin

سەماسی

siarc

تاووس

paun

مار

neidr

تمساھ

crocodeil

پارێزەرا باخچا ئاژالان

gofalwr sŵ

سەیا دەریا

morlo

پلنگ

jagwar

هەسپ

....

merlyn

پلنگ

....

llewpard

هەسپێ رووبار

....

hipo

جانەوەرشتر

....

jiráff

هەلۆ

....

eryr

بەرازێ کۆڤی

....

baedd

ماسی

....

pysgodyn

کووسی

....

crwban

والراس

....

walrws

رۆڤی

....

llwynog

خەزال

....

gafrewig

فووتبۆلێ ئامەریکا
pêl-droed America
بسکلێتان
beicio
tennis
باسکێتبۆل
pêl-fasged
nofio
بۆخنگ
bocsio
هۆکەیا سەر جەمەدێ
hoci iâ

فووتبۆل
....
pêl-droed

بادمنتۆن
....
badminton

یێ ئاتلەتیزمێ
....
athletau

هەندبۆل
....
pêl-law

بەفراژۆتن
....
sgïo

پۆلۆ
....
polo

چالاکیان

gweithgareddau

هلپەکە
neidio
هەمبێز
cofleidio
کەنین
chwerthin
برێڤەچوون
cerdded
لاوژە گوتن
canu
خەون دیتن
breuddwydio
نمێژ کرن
gweddïo
ماچکرن
cusanu

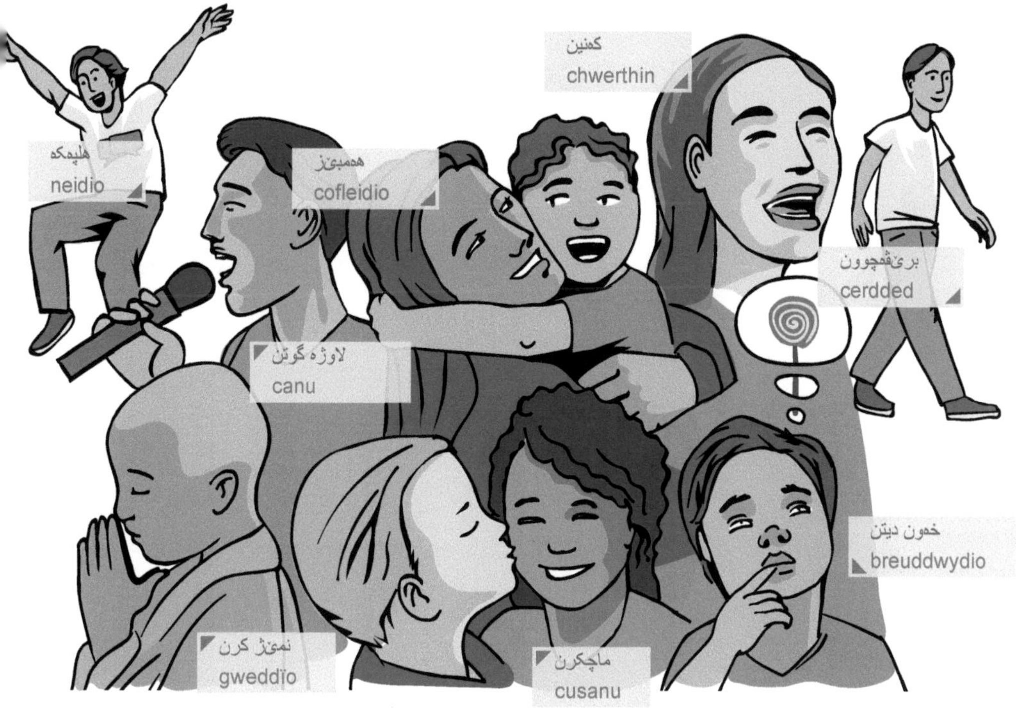

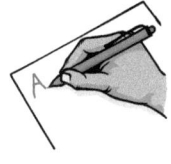

نڤیساندن

....

ysgrifennu

نیگار کێشان

....

arlunio

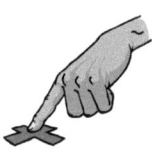

نیشان دان

....

dangos

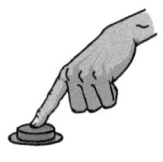

پالدان

....

gwthio

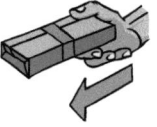

دایین

....

rhoi

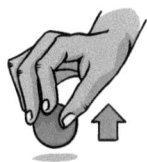

راکرن

....

cymryd

هەبین

bod gan

کرن

gwneud

بوون

bod

سەکنین

sefyll

بازدان

rhedeg

کشاندن

tynnu

ئاڤێتن

taflu

کەتن

disgyn

دەرەو کرن

gorwedd

سەکنین

aros

گوهێزتن

cario

روونشتن

eistedd

جل بەرکرن

gwisgo amdanoch

رازان

cysgu

رابوون

deffro

مێزە کرن

edrych ar

گرین

crïo

جەلتە

anwesu

شە کرن

cribo

پەیڤین

siarad

فامکرن

deall

پرسکرن

gofyn

بهیستن

gwrando

ڤەخوارن

yfed

خوارن

bwyta

کۆم کرن

tacluso

هەزکرن

caru

خوارن چێکرن

coginio

ئاژۆتن

gyrru

فڕین

hedfan

کەشتیڤانی

hwylio

هەسباندن

cyfrifo

خواندن

darllen

هینبوون

dysgu

کارکرن

gweithio

زەوجین

priodi

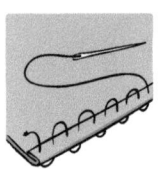

درووتن

gwnïo

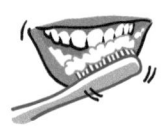

ددان شووتن

brwsio dannedd

کوشتن

lladd

دووخان

ysmygu

شاندن

anfon

مالبات

teulu

داپیر
nain
باپیر
taid
tad
mam
baban
merch
کور
mab

مێڤان

gwestai

مەت

modryb

ئاپ/خال

ewythr

برا

brawd

خوشک

chwaer

بەدەن

corff

ئەنی
talcen
چاڤ
llygad
مل
ysgwydd
تلی
bys
روو
wyneb
زەنی
gên
دەست
llaw
سینگ
bron
لنگ
coes
پیل
braich

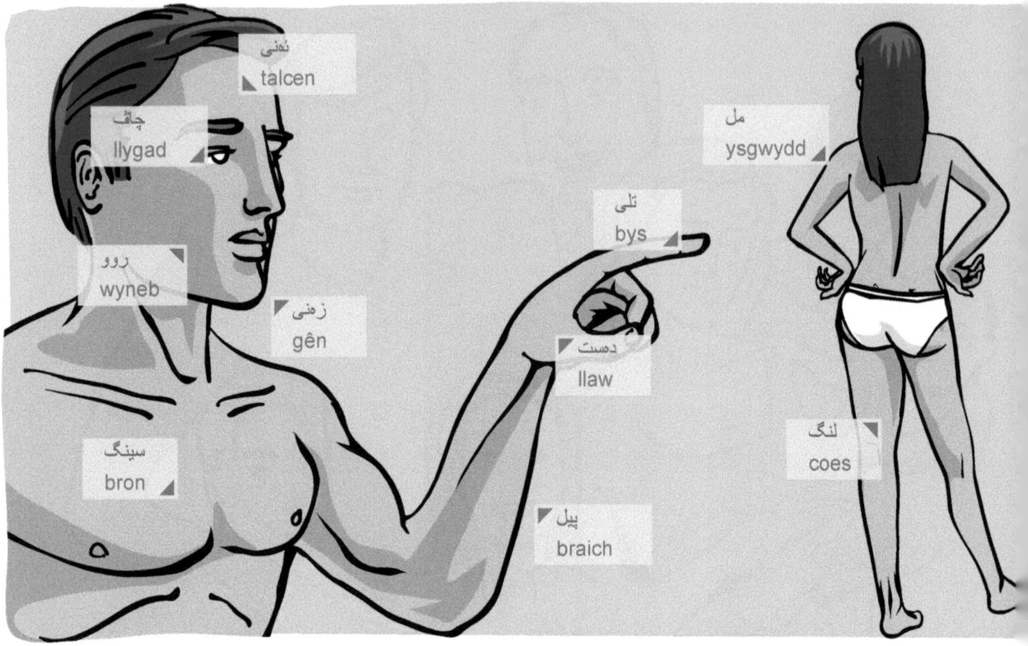

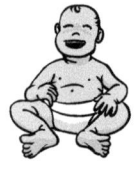

بەبەک

baban

مێر

dyn

ژن

gwraig

کەچ

geneth

کۆر

bachgen

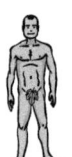

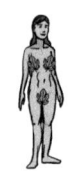

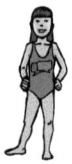

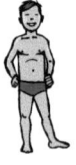

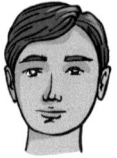

سەر

pen

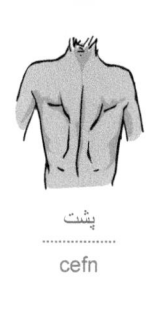

پشت

cefn

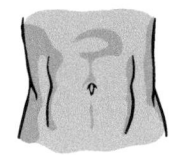

زک

bel

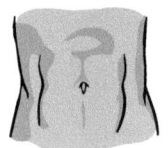

ناڤک

bogail

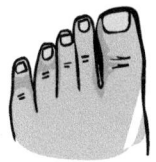

تلییا پێ

bys troed

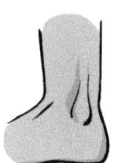

پانی

sawdl

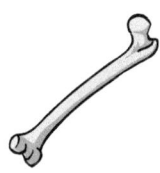

هەستی

asgwrn

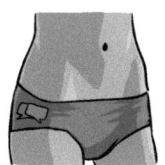

کوولیمەک

clun

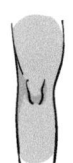

ژوونی

pen-glin

ئەنیشک

penelin

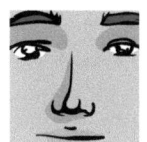

دفن

trwyn

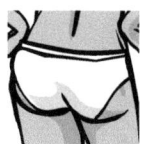

قوون

pen ôl

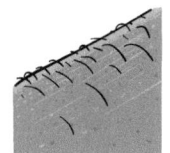

چەرم

croen

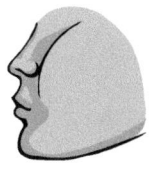

روو

boch

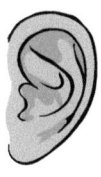

گووه

clust

لێڤ

gwefus

دەڤ

ceg

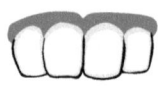

دران

dant

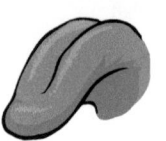

زمان

tafod

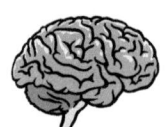

مێژی

ymennydd

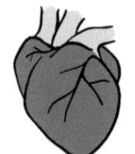

دل

calon

ماسوول

cyhyr

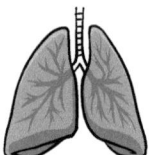

جیگەرا سپی

ysgyfaint

جەگەر

iau

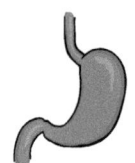

مادە

stumog

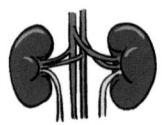

گوورچکان

arennau

جۆتبوون

rhyw

کۆندۆم

condom

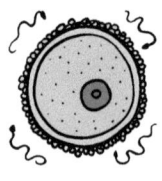

هێک

ofwm

تۆڤ

semen

دووجانی

beichiogrwydd

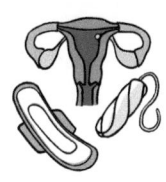

ئادە

mislif

قووز

fagina

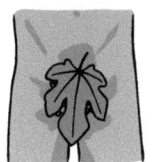

کیر

pidyn

برو

ael

پۆر

gwallt

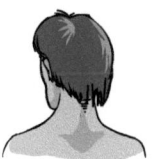

هووستوو

gwddf

نەخۆشخانە

ysbyty

نەخۆشخانە
ysbyty
ئەرەبا نەخۆشان
ambiwlans
ئەرەبۆکا گوولەکان
cadair olwyn
شکەستە
torasgwrn

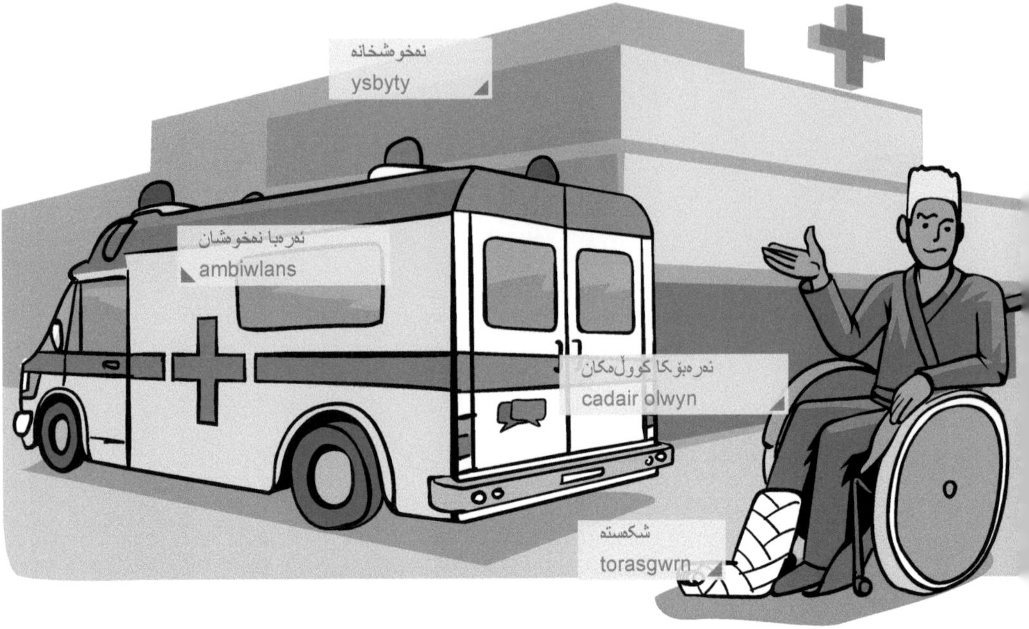

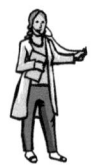

بژیشک

meddyg

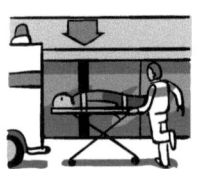

ئۆدا لەزگینێ

ystafell argyfwng

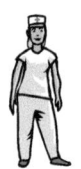

نەخۆشیار

nyrs

ئاجیلییەت

argyfwng

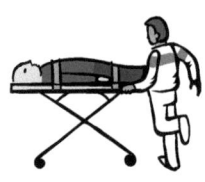

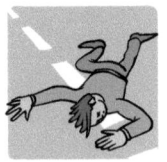

بێهای

anymwybodol

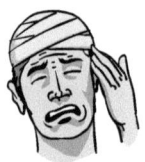

ئێش

poen

برین

anaf

خوێنپژان

gwaedu

هێرشا دلی

trawiad ar y galon

جەلتە

strôc

ئالەرژی

alergedd

کوخک

peswch

تا

twymyn

زکام

ffliw

ناڤچووین

dolur rhydd

سەرێش

cur pen

قانسێر

canser

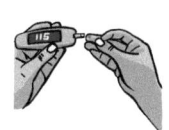

نەخوشیا شەکرێ

diabetes

ئەملیکار

llawfeddyg

سکالپێل

fflaim

ئەملی

gweithrediad

جت

CT

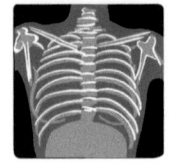

سوورەتێ رۆنتگێن

pelydr-x

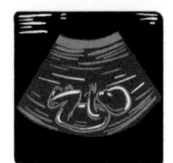

ئوولتراساوند

uwchsain

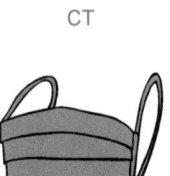

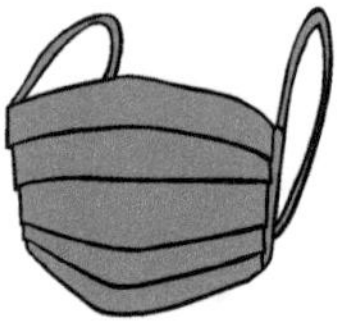

ماسکێ roوویێ

mwgwd wyneb

نەخوەشی

clefyd

ئۆدا سەکنینێ

ystafell aros

گۆچان

bagl

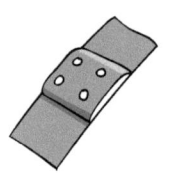

شێل

plastr

پاچێ برینپێچانێ

rhwymyn

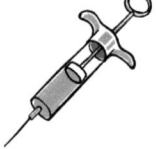

دەرزی

pigiad

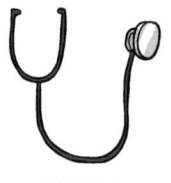

بیستوکا پزیشکی

stethosgop

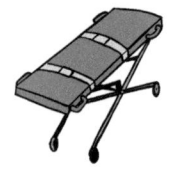

داربەست

elorwely

تێهنپیڤا کلینیکێ

thermomedr clinigol

زایین

genedigaeth

قەلەو

dros bwysau

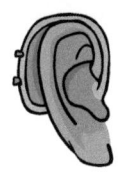

ئالیکاریا بهیستنێ

cymorth clyw

باکتەریکوژ

diheintydd

کۆتیبوون

haint

ڤیرووس

firws

هڤ / ئادس

HIV / AIDS

دەرمان

meddygaeth

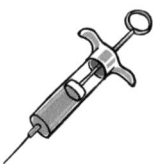

کوتان

brechiad

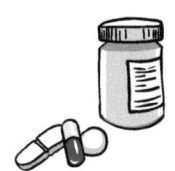

هەبان

tabledi

هەب

y bilsen

لەزگین

galwad frys

دیمەندەرێ پەستۆ خوین

monitor pwysau gwaed

نەخوەش / ساخ

yn sâl / yn iach

ئاجىلىيەت

argyfwng

هەوارا!

Help!

ئالارم

larwm

ئۇرۇش

ymosodiad

ئۇرۇشكرن

ymosodiad

تالووک

perygl

دەركەتنا ئاجل

allanfa argyfwng

ئاگر!

Tân!

ئاگر ڤەمراندنێ

diffoddwr tân

قەزا

damwain

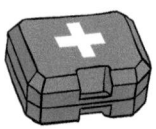

ئالەتێن ئاليكاريا يەكەم

pecyn cymorth cyntaf

سۆس

SOS

پۆليس

heddlu

y Ddaear

ئەورۆپا

Ewrop

ئامەریکایا باکوور

Gogledd America

ئامەریکایا باشوور

De America

ئافریکا

Affrica

ئاسیا

Asia

ئاووسترالیا

Awstralia

ئاتلانتیک

Iwerydd

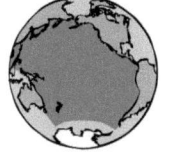

ئۆکیانووسا مەزن

y Môr Tawel

ئۆکیانووسا هندی

Cefnfor yr India

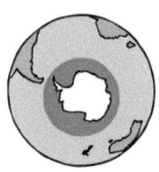

ئۆکیانووسا ئانتارکتیکا

Cefnfor yr Antarctig

ئۆکیانووسا ئارکتیک

Cefnfor yr Arctig

جەمسەرا باکوور

Pegwn y Gogledd

جەمسەرا باشوور

....

Pegwn y De

ئانتارکتیکا

....

Antarctica

ئەرد

....

y Ddaear

ئاخ

....

tir

بەهر

....

môr

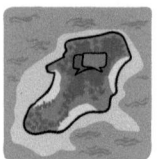

دوورگە

....

ynys

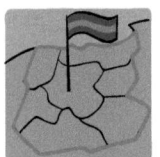

مِلەت

....

cenedl

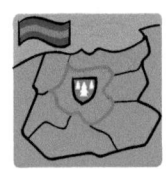

وەلات

....

gwladwriaeth

ساەت

cloc

روویێ ساەت

wyneb cloc

نشاندەرکا دەمژمێر

bys awr

نشاندەرکا دەقە

bys munud

نشاندەرکا سانیە

bys eiliad

سێت چەندە؟

Faint o'r gloch yw hi?

رۆژ

dydd

دەم

amser

نها

yn awr

ساەتێ دجیتال

cloc digidol

دەقە

munud

سێت

awr

wythnos

دووشەم
Dydd Llun
سێشەم
Dydd Mawrth
W
چارشەم
Dydd Mercher
TH
پێنجشەم
Dydd Iau
Dydd Gwener
SA
شەمی
Dydd Sadwrn
یێکشەم
Dydd Sul

دوێ

....

ddoe

ئێرۆ

....

heddiw

سبەی

....

yfory

سبە

....

bore

نیڤرۆ

....

canol dydd

ئێڤار

....

noswaith

رۆژێن کاری

....

diwrnodiau busnes

داویا هەفتە

....

penwythnos

سال

blwyddyn

باران
glaw
enfys
با
gwynt
بەفر
eira
بهار
gwanwyn
هاڤین
haf
پاییز
hydref
زڤستان
gaeaf

پێشبینیا هەوا

rhagolygon y tywydd

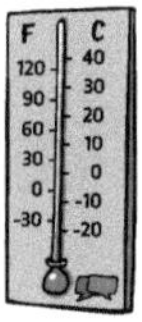

تەهنپیڤ

thermomedr

تاڤ

heulwen

هەور

cwmwl

مژ

niwl tew

هێمی

lleithder

برق

mellt

برووسک

taranau

تۆفان

storm

تەرگ

cenllysg

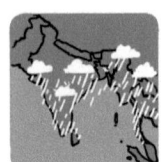

مانسوون

monsŵn

لەهی

llif

جەمەد

iâ

رێبەندان

Ionawr

رەشەمە

Chwefror

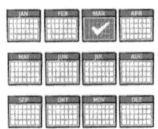

نەورۆز

Mawrth

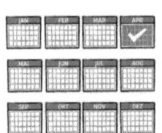

گولان

Ebrill

جۆزەردان

Mai

پووشپەر

Mehefin

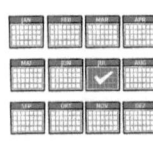

گەلاوێژ

Gorffennaf

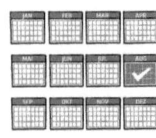

خەرمانان

Awst

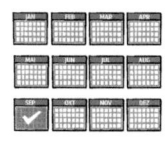

ڕەزبەر

Medi

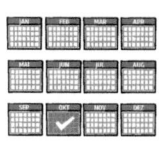

گەوچیڕ

Hydref

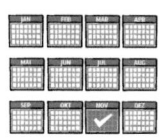

سەرماوەز

Tachwedd

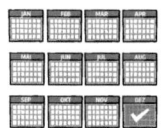

بەفرانبار

Rhagfyr

شێوە

siapiau

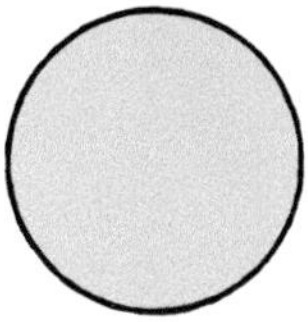

چەمبەر

cylch

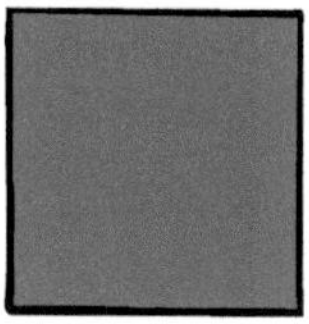

چارچک

sgwâr

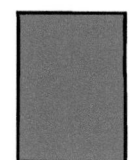

چارقۆزی

petryal

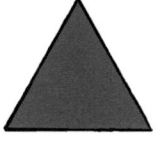

سێقۆزی

triongl

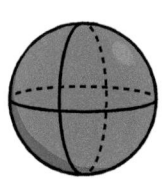

قادا

sffêr

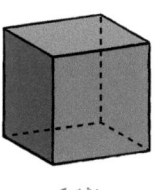

خشتەک

ciwb

رەنگان

lliwiau

سپی

gwyn

زەر

melyn

پرتەقالی

oren

پەمبە

pinc

سۆر

coch

مۆر

porffor

شین

glas

کەسک

gwyrdd

قەهوەیی

brown

گەور

llwyd

رەش

du

بەرامبەران

cyferbyniadau

زۆر / کێم

....

llawer / ychydig

ب هێرس / بێدەنگ

....

dig / tawel

بەدەو / نەرند

....

hardd / hyll

دەستپێک / داوی

....

dechrau / diwedd

مەزن / بچووک

....

mawr / bach

رۆنی / تاری

....

llachar / tywyll

براک / خوشک

....

brawd / chwaer

پاگژ / گرێژ

....

glân / budr

تەڤی / نەتەمام

....

gyflawn / anghyflawn

رۆژ / شەڤ

....

dydd / nos

مری / زندی

....

farw / yn fyw

فرە / تەنگ

....

llydan / cul

خوەش / نەخوەش

bwytadwy / anfwytadwy

نەباش / باش

drwg / caredig

ب هەیجان / ئاجز

llawn cyffro / diflasu

قەلەو / زراڤ

tew / tenau

یەکەمین / داوین

cyntaf / olaf

هەڤال / دژمن

cyfaill / gelyn

تژی / ڤالا

llawn / gwag

رەق / نەرم

caled / meddal

گران / سڤک

trwm / ysgafn

برچی / تینی

wedi newynnu / yn sychedig

نەخوەش / ساخ

yn sâl / yn iach

نەقانوونی / قانوونی

anghyfreithlon / cyfreithiol

رەوشەنبیر / بالوولە

deallus / twp

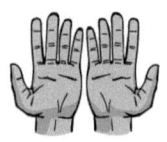

چەپ / راست

chwith / dde

نێزی / دوور

agos / pell

نوو / بکارهاتی

newydd / wedi'i ddefnyddio

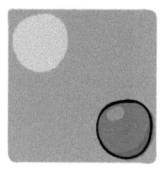

هیچ / تشتەک

dim / rhywbeth

کال / جوان

hen / ifanc

ل / ژ

ymlaen / i ffwrdd

ڤەکری / گرتی

ar agor / ar gau

ئارام / دەنگبلند

tawel / uchel

دەولەمەند / رەبەن

cyfoethog / tlawd

راست / شاش

cywir / anghywir

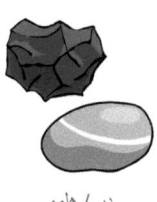

دڕ / هلوو

garw / llyfn

خەمگین / شا

trist / hapus

کورت / درێژ

byr / hir

هێدی / زوو

araf / cyflym

شل / زوا

gwlyb / sych

گەرم / هێنک

cynnes / claear

شەڕ / ئاشتی

rhyfel / heddwch

هەژماران

rhifau

0	1	2
سفر	یەک	دوو
sero	un	dau
3	4	5
سێ	چار	پێنج
tri	pedwar	pump
6	7	8
شەش	هەفت	هەشت
chwech	saith	wyth
9	10	11
نەه	دەه	یازدە
naw	deg	un deg un

12

دازده

un deg dau

13

سێزده

un deg tri

14

چارده

un deg pedwar

15

پازده

un deg pump

16

شازده

un deg chwech

17

هەفده

un deg saith

18

هەژده

un deg wyth

19

نۆزدەه

un deg naw

20

بيست

dau ddeg

100

سەد

cant

1.000

هەزار

mil

1.000.000

مليۆن

miliwn

زمانان

ieithoedd

ئینگلیزی

Saesneg

ئنگلیزیا ئامەریکی

Saesneg America

چینی ماندارین

Tsieinëeg Mandarin

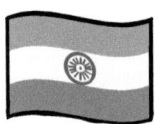

هێندی

Hindi

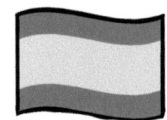

ئیسپانیۆلی

Sbaeneg

فرەنسی

Ffrangeg

ئەرەبی

Arabeg

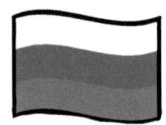

رووسی

Rwseg

پۆرتوگالی

Portiwgaleg

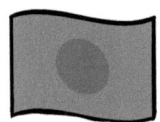

بەنگالی

Bengali

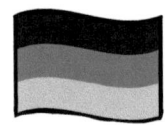

ئەلمانی

Almaeneg

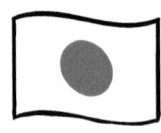

ژاپۆنی

Siapanaeg

کی /چ / چاوا
pwy / beth / sut

من

fi

تو

ti

ئەو / ئەڤ / ئەو

ef / hi

ئەم

ni

تو

chi

ئەو

nhw

کی؟

pwy?

چ؟

beth?

چاوا؟

sut?

کیدەرێ؟

ble?

کەنگی؟

pryd?

ناڤ

enw

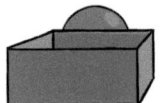

کوو

ble

پشتی

y tu ôl i

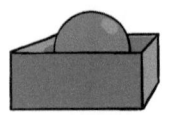

yn / yng / ym / mewn

پێشی

o flaen

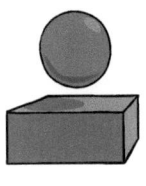

سەر

dros

سەر

ar

بن

dan

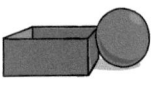

کێلەک

wrth ochr

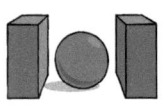

ناڤبەر

rhwng

جە

lle